LA VOIX

DANS LE DÉSERT,

OU

L'APPEL AUX PRINCIPES,

PAR UN INFORTUNÉ.

Eh ! comment aurais-je pu prévoir le destin qui m'accable ?..... comment le puis-je concevoir encore aujour-d'hui que j'y suis livré ? Pouvais-je, dans mon bon sens, supposer qu'un jour, moi le même homme que j'étais, le même homme que je suis encore, je passerais, je serais tenu sans le moindre doute pour un monstre, un voleur, un assassin; que je deviendrais le jouet de la...?

J. J. ROUSSEAU. Ière. Promenade, pag. 3.

Se trouve à Paris.

CHEZ R. F. LEBOIS, rue et maison Sorbonne, n°. 382.

LEFÈVRE, rue Percée, André-des-Arts, n°. 20 et 21 ;

Et à Nantes, chez FOREL.

L'AN III DE LA RÉPUBLIQUE.

Extrait du compte rendu par Phelipaux, sur
sa mission à Nantes, en vendémiaire, an 2.

Page 28, IVe. partie. — « Tout, avait reçu
» avant mon départ de cette cité, l'impul-
» sion révolutionnaire. Avant qu'il nous fût
» possible de réaliser les grandes mesures,
» et d'y donner de l'ensemble, nous avions
» ordonné successivement plusieures arres-
» tations commandées par la sûreté publi-
» que. Vilnave est du nombre des détenus.
» Nous n'avons rien négligé pour lui ad-
» joindre Coutard, qui, avec son digne émule,
» Duchalet, etc. ont été à Nantes les boute-
» feux de la conspiration. »

» Page 28. — Un ancien comité, au lieu
» d'être la terreur des malveilans, en était sou-
» vent le réfuge ; nous lui avons substitué un
» comité révolutionaire composé de sans-cu-
» lottes vigoureux révolutionaires, mais à-la-
» fois sages et prudens, qui ont justifié notre
» confiance et celle de la société populaire. »

» Page 26. — L'esprit public de Nantes
» avait besoin d'une grande régénération
» depuis la crise du 5 juillet, où toutes les
» autorités civiles et le club des MM., ayant
» Beysser à leur tête, se déclarèrent en insur-
» rection contre le sénat français, etc. Nous
» arrêtâmes que les corps administratifs se-
» raient renouvellés ; nous avons choisi par-
» mi le petit nombre de patriotes, qui, lors de
» toutes les crises, étaient restés fermes sous
» les poignards contre - révolutionnaires.] »

» Page 27.—Nous avons cru devoir sacri-
» fier jusqu'à nos affections à l'exécution rigou-
» reuse de la loi, tant pour la destitution des si-
» gnataires que pour leur arrestation immé-
» diate. »

[Nota.] Le Comité n'a donc suivi que l'im-
pulsion des représentans dans tous les tems.

CHAUX, (DE NANTES)

AUX REPRÉSENTANS,

AU PEUPLE FRANÇAIS.

> Républicains, vous le savez, il n'est
> pas possible d'aimer froidement sa
> patrie ; le patriote ardent peut s'éga-
> rer, mais il est toujours patriote :
> soyez donc indulgent.....

ACQUITTÉ le 26 frimaire au tribunal criminel extraordinaire et révolutionnaire par
un jugement solemnel, précédé de plus de
soixante jours d'instruction, et après y avoir
été attaqué avec une rage et un acharne-
ment qui n'a pas d'exemple... je me croyais
rendu à la liberté, au bonheur....

L'accueil du peuple à ma sortie du tribunal, avait cicatrisé mes plaies, avait ef-
facé jusqu'au souvenir de mes maux. Je me
disposais à voler vers mon épouse, essuyer
ses larmes, à serrer dans mes bras ma mère
et mon fils. Il me semblait déjà sentir leurs
cœurs palpiter sur mon cœur. J'appercevais

A

ma famille et mes amis dans la joie, les bras tendus vers moi.

Je cherchais de l'œil le rameaux d'oliviers pour le présenter à ceux qui m'ayant cru coupable. Tel était la situation de mon ame lorsque je me vis rendu à la liberté. Hélas ! mes espérances, mon bonheur, n'étaient qu'un songe.

Le 28 frimaire un décret nous replonge dans les fers, et les rives plus que jamais. Deux mois se sont déjà écoulés depuis notre nouvelle captivité. Aujourd'hui la convention met pour nous la justice à l'ordre du jour. Elle a déclaré par son décret du 21 qu'elle veut examiner avant de prononcer sur notre compte : et celui du 26 nous donne l'espoir d'être entendu sur le rapport du comité.

De malheureux et trop ardens patriotes, entraînés dans l'abime par la tête volcanique de Carrier, peuvent donc encore avoir une lueur d'espérance puisque l'on veut connaître de nouveau la vérité. O vous qui nous jugez, que ne puissiez-vous lire dans les replis de nos cœurs, vous y verriez écrit en traits de feu cet ardent amour de la révolution, ce civisme brûlant qui nous a précipités dans le gouffre, et qui appelle l'indulgence des amis de la patrie.

Non. La convention qui veut le règne de la justice et de l'humanité, qui veut

que les erreurs et les égaremens ne soyent
pas punis, MAIS SEULEMENT LES CRIMES
COMMIS AVEC DES INTENTIONS PERVERS,
ne voudra pas ternir sa gloire en souffrant
la violation d'un principe reçu et sacré chez
toutes les nations, respecté même chez les
tyrans, qui veut..... « Qu'un individu ne
» puisse être remis deux fois en jugement pour
» le même délit, et qu'il recouvre sa liberté
» après un jugement qui l'acquite ; que les
» juges qui prononcent sur l'honneur et la vie
» des citoyens soyent toujours libres et sans
» craintes. » Non des hommes libres et représentans la première des nations, ne souf-
frirons pas que les consciences des jurés
soyent influencées et forcées à voter la mort
à la voix d'un accusateur puissant : « Ce
fut le crime de Robespierre, et celui-là fut
un tyran...» Si ces vérités étoient méconnues,
ô vous, qui que vous soyez, tremblez des
conséquences. Aujourd'hui puisssans, de-
main accusés, à quoi vous servirait votre
innocence, si le tribunal, forcé de prononcer
un arrêt de mort, ne pouvait proclamer sans
crainte que vous fûtes justes.

Nous fûmes tous accusés d'être les agens
de Carrier, d'avoir servis ses fureurs. Et
par qui le fûmes nous ? Par Phelippe, qui
lui-même avait exécuté des ordres arbitraires.
Par Phelippe, qui porta la faiblesse, jus-

qu'à faire guillotiner sans jugement nombre d'individus sur un simple ordre de Carrier; par Phelippe, qui lorsqu'on lui reprocha cet écart à la loi, répondit qu'il avoit obéi par sûreté pour sa personne, et à raison de la terreur qu'inspirait Carrier...... Mais cette terreur ne pésait-elle pas également sur ceux de mes malheureux compagnons d'infortunes, qui furent comme lui obligés d'exécuter les ordres de ce despote. Sont-ils moins excusable que Phelippe ? Cependant celui-ci acquité comme nous sur l'intention, est libre, puissant, honoré, et nous sommes dans les fers... La justice a-t-elle deux balance; tous les hommes ne sont-ils pas égaux devant la loi. ...

« Dans l'extrême malheur que j'éprouve,
» j'ai au moins cette consolation de n'avoir
» plus à me défendre sur les noyades, les
» fusillades, les guillotinades, etc.; car il
» est constant et reconnu au procès que je
» n'y ai jamais participé, que même je m'y
» suis opposé. » Mais ces mesures terribles que l'on présente aujourd'hui comme des assassinats particuliers, des délits ordinaires, ce sont les œuvres de Carrier. Il avait tous les pouvoirs, il disait avoir des ordres du comité de salut public; il trompa ainsi ceux qu'il avait choisi pour victimes et non pour complices. Il ordonna tout, fit tout exécuter

en menaçant ceux qui n'obéissaient pas de les faire guillotiner, ces faits sont prouvés. [1]

LE COMITÉ DE NANTES fut accusé des noyades, fusillades, taxes, vexations, violation des propriétés, actes et arrestations arbitraires... eh ! de quel crime ne fut-il pas accusé ?... L'on porta le délire et la rage jusqu'à le charger de ceux qui avaient pu être commis dans les armées... Tout, suivant nos accusateurs, fut l'ouvrage du Comité; ses membres furent présentés comme un rassemblage d'assassins, de voleurs. On éleva leurs dilapidations à un, deux, peut-être trois millions, (2) et l'exacte vérité bien constante et bien prouvée, c'est que nous sommes tous dans un état de dénuement presque total, mais c'était la manie du jour. Voilà comment à force d'intrigues, de calomnies, de mensonges, l'on parvient à égarer le peuple sur le compte de ses meilleurs amis. On sait qu'il est essentiellement probe, on lui présente ceux que l'on veut perdre, comme des fripons, des dilapidateurs, des scélérats. Il croit... et il consent à la perte de ceux qui le servirent

---

[1] Il vient lui-même au comité menacer, il y vient faire signer des ordres obscurs donnés à affiliés. Il traite le comité de modéré, de contre-révolutionnaire.

(2) Phelippe, notre acusateur est témoin contre nous.

avec le plus de zèle. C'est de cette manière, que l'on parvint à le faire applaudir à la mort tragique de tant de martyrs de la liberté.

Mais pourquoi le comité fut-il ainsi accusé de tous les crimes, de toutes les mesures révolutionnaires qui furent exécutées à Nantes et dans les environs... Pourquoi ? parce qu'on commençait à les reprocher à Carrier; parce que l'on voulait cacher, sauver Carrier ; et sans la révolution du 9 thermidor, l'on aurait réussi en ensevelissant avec nous dans la tombe la vérité et les preuves. Voilà pourquoi nous fûmes si cruellement calomniés dès le premier instant de notre arrestation. Voilà comment les écrivains les plus impartiaux, trompés par nos ennemis, ont accumulés tous les crimes sur nos têtes et nous ont écrasés dans l'opinion publique. Voilà pourquoi l'on nous fit voyager avec la rapidité de l'éclair vers le lieu du sacrifice.

O heureuse journée du 9 thermidor, sans toi je n'aurai plus l'espérance de consoler mon épouse et mon fils. Le triple filet de calomnie dont il était enveloppé n'eut jamais été déchiré, ma mémoire eut été flétrie, et mon nom rangé sur le tableau des assassins du peuple.

Le comité une fois sacrifié comme auteur

des noyades, fusillades, Carrier restait tranquille et triomphant, il profitait en paix des conseils d'Hérault-Séchelles, qui lui avait si bien recommandé de porter de grands coups, mais d'en laisser la responsabilité sur ses agens. Non la postérité ne pourra jamais croire aux menées et aux intrigues employées pour nous faire périr.

Devait-on, ou plutôt pouvait-on résister aux ordres de Carrier ?.... N'était-il pas investi par la convention de pouvoirs illimités, n'avait-il pas le pouvoir de mettre hors de la loi les aristocrates, les ennemis de la révolution ; (1) d'ordonner des arrestations et des taxes révolutionnaires, à raison des circonstances. Carrier n'était-il pas pour nous la convention, ne réunissait-il pas le pouvoir législatif au pouvoir exécutif; peut-on avec justice nous rendre responsable de ses faits, lorsque nous sommes ses victimes.

Les soldats qui fusillent par ordre du général, sont-ils complices de ces fautes ! s'il en fait, la responsabilité ne reste-t-elle

____

[1] Décret du 27 mars 1793.—Aristocrates hors de la loi; la convention nationale déclare la ferme résolution de ne faire ni paix ni trève aux aristocrates, à tous les ennemis de la révolution. Elle décrète qu'ils sont hors de la loi, que tous les citoyens seront armés, etc. etc. etc.

pas sur sa tête. Voilà la véritable question. Sont-ce là des délits révolutionnaires ou ordinaires réservés aux tribunaux criminels?...

Les malheureux membres de la compagnie révolutionnaire qui gémissent avec nous dans les fers, furent comme nous accusés par la calomnie d'être des dilapidateurs. Hé bien ! pas un témoin n'a déposé à leurs charges sur les prétendues dilapidations qui n'ont jamais existées que dans la tête de nos accusateurs.

Ils sont convaincus.... mais être convaincu d'un fait n'est pas être coupable, car il peut se faire que le fait dont on est convaincu ne soit pas un délit. Et encore que ce fut un délit, il faut pour être coupable que l'intention ait été mauvaise. Enfin il sont convaincu d'avoir exécutés les ordres d'autorités constituées. Est ce pour eux un délit, je soutient que non. N'étaient-ils pas force armée, pouvaient ils délibérer, avoient-ils le droit de demander quel était le motif qui déterminait les mesures ? Non, ils étaient à cet égard vis-à-vis des autorités comme nous vis-à-vis de Carrier ; celui qui est commandé pour fusiller sur la place publique se fait il produire les jugemens des malheureux condamnés avant de lâcher le coup fatal qui va porter la mort ? Non....
Représentans,

Représentans rendez justice à leurs intentions; ils ne peuvent être considérez cou-
pables sous aucun rapport, rendez-les à
leurs familles qui gémissent dans le malheur
et le besoin, brisez leurs chaînes, se sont
des patriotes, se sont de malheureux artisans,
ils furent les premiers amis de la revolution.

» Nos accusateurs ont ôsé mettre en question
» si nous étions des contre-révolutionnaires...»
Mais pourquoi n'ont-ils pas fait comme les
jurés qui nous ont acquittés? pourquoi ne
sont-ils pas venus reconnaître les blessures
encore sanglantes que nous avons reçues en
combattant pour la révolution, vérifier nos
cheveux blanchis avant l'âge par nos veilles
et nos travaux civiques? Pourquoi ne sont-ils
pas venus lire nos certificats révolutionnaires
dans les cicatrices qui couvrent nos corps?
Pourquoi n'ont-ils pas lus, ainsi que l'ont fait
nos juges, dans les replis de nos cœurs? Ils
y auraient trouvé gravé en trait de feu, l'ardent amour de la patrie, de la liberté, de
l'égalité. Nous, des aristocrates, des contre-
révolutionnaires!... Nous, qui faisions notre
gloire d'être les premiers rangés sous les dra-
peaux de l'égalité, de la révolution!... Quelle
étrange aveuglement des passions! Enfin
cette accusation a été rejettée, et il a été
IRRÉVOCABLEMENT déclaré que nous n'é-
tions pas des contre révolutionnaires.

B

Républicains, je vous l'ai déjà dit, avant de prononcer sur notre compte, il fallait, il faut non seulement considérer les faits, mais encore se reporter aux temps du cahos, ne pas oublier en quel tems et pourquoi fut créé le Comité devenu l'objet de la plus affreuse persécution. Il le fut dans un tems qui n'a pas d'exemple dans les annales du monde, dans un tems où les factions déchiraient la république, soulevaient et armaient les départemens; où le Calvados, Marseille, Lyon étaient en feu, où les esclaves des tyrans envahissaient nos frontières, où les Vendéens massacraient nos frères, et se répandaient comme un torrent dévastateur dans le sein de la république, où les conjurés projettaient de livrer Brest, où ils recevaient les anglais dans Toulon; dans un moment où la cité de Nantes était en proie à la famine, à la peste, à tous les maux qui peuvent assiéger l'humanité; à l'instant où il fallait ou succomber, ou créer un nouvel ordre de choses; à l'instant enfin où la moindre faiblesse devenait un crime pour des fonctionnaires fidèles. Représentez-vous combien il fallut de courage à des pères de famille pour se dévouer au ressentiment, à toutes les haines, en devenant l'organe de la terreur de la loi révolutionnaire. « A la vérité, les représentans » nous dirent de saisir la massue populaire,

» sans crainte ; que la convention reconnaî-
» trait notre courage et notre dévouement ;
» qu'elle nous protégerait contre les ven-
» geances et les haines... » Serait-ce en vain
qu'aujourd'hui nous réclamerions ces promesses ? « L'on ajoutait encore que nous ne
» devions pas craindre d'excéder nos pou-
» voirs, qu'ils devenaient minutés à raison
» des circonstances. [1]

« Le Comité est accusé d'avoir fait des ar-
» restations arbitraires, vexé, tourmenté les
citoyens, imprimé la terreur!.. » Mais la terreur n'a-t-elle pas été le résultat des lois révolutionnaires ? Avons-nous pu empêcher
l'effet de la loi?... Ces lois étaient sévères et
imprécises, sur-tout celle du 17 septembre.
Voila le malheur... Mais est-ce nous qui l'a-
vons fait ou sollicité ? Quelle a dû être notre
conduite ? d'exécuter les décrets de la convention sans doute... puisqu'elle doit être la
boussole de tous les vrais patriotes. « Eh bien !
» notre situation est tellement malheureuse,
» que n'exécutant pas, nous devenions crimi-
» nels , et nous eussions été punis. Et parce
» que nous avons exécuté, nous sommes punis
» et persécutés. » Cette vérité résulte sur-tout
du décret du 13 ventôse, qui dit textuellement:
« Les comités révolutionnaires qui auront

____

(1) Ces faits sont constants au procès.

» laissé en liberté des individus notés d'in-
» civisme, seront destitués et incarcérés. »
Ajoutez à cela les stimulations, les ordres
des représentans dans les départemens, et
jugez notre position.

Nous avons imprimé la terreur... Mais ne
planoit-elle pas sur nos têtes? Etions-nous
bien nous-mêmes? N'étions-nous pas com-
mandés par une loi de fer, et dans un tems
où il fallait de grandes mesures pour sauver
la république, où la première des lois était
le salut du peuple.

Avant la loi du 14 frimaire, celle du 17
septembre ordonnait d'arrêter de suite tous
les gens suspects, et l'on sait jusqu'où s'éten-
dait cette loi, et les peines portées contre
ceux qui ne l'exécuteraient pas. [1] Ajoutez
encore le décret du 17 frimaire, et rappellez-
vous les principes manifestés à cette séance.

---

(1) Cette loi qui ordonnait aux comités de
former la liste des gens suspects et de les incarcérer, qui laissait la plus grande latitude
à l'arbitraire, n'a été exécutée par nous,
qu'après avoir consulté les administrations
et la société populaire. La liste ordonnée
fut dressée dans des assemblées convoquées
à cet effet; donc nous n'avions pas l'intention de dominer, de vexer, de faire le mal
et d'incarcérer arbitrairement. Si c'eût été
notre intention, nous n'eussions pas consulté
le peuple.

[13]

Dubouchet y dit « Que les comités révolu-
» tionnaires sont des espèces de jury, qui or-
» donnent les arrestations d’après leurs con-
» victions intimes du fait de suspicion, dont
» on ne peut leur demander compte. »

Il y était question d’arrestation hors de la
loi du 17 septembre, de celles pour mesure
de sûreté , commandées par les circonstances et fondées de simples soupçons, de
celles enfin qui prêtent le plus à l’arbitraire;
il conclut à ce que ces pouvoirs soyent con-
férez au comité révolutionnaire. Thuriot ,
Merlin de Thionville , Dubois de Crancé
etc. etc. parlent sur la proposition , entrent
dans ses vues , et le décret est rendu con-
formément à la demande de Dubouchet. Ce
décret reçoit un effet rétroactif ; (voyez le
journal des Débats , n °. 445.)

D’après toutes ces loix nous avons été
obligé de faire nombre d’arrestations, elles
étoient jugées urgentes dans le tems , (1)

____

[1] Rien n’a été oublié pour nous peindre
comme des tyrans. L’on a dit que nous avions
précipité par milliers nos concitoyens dans
les prisons, que le sang des malheureux
Nantais avait inondé les places publiques.
L’exacte vérité est que les arrestations DE
NOTRE FAIT ne se sont pas élevées à plus de six
cents individus domiciliés de Nantes , et une
quinzaine de conspirateurs ont expié leur
rage contre révolutionnaire. Mais nos calom-

maintenant que le tems du danger est passé,
on nous reproche DES DÉFAUTS DE FORMES,
et à ce moyen l'on prétendrait nous traîner
au supplice; non, le crime ne s'exécutera
pas, vous ne souffrirez pas que nous soyons
tyrannisés pour des négligences, des erreurs
de formes que nous ne connoissions pas. Vous
jugerez nos intentions.

L'on nous accuse de dilapidations, d'avoir
violé les droits de propriété, en imposant
des taxes révolutionnaires sur les riches;
mais peut-on nous faire un crime d'avoir
invité les riches à faire des offrandes, des
dons civiques; ces faits ne peuvent être des
délits, car la loi les autorisât, et cela a eu
lieu par toute la république; le décret du
19 brumaire en faisait un devoir ainsi que
20 autres.

« Le 19 frimaire, la convention autorisa
» de nouveau les taxes, rapporta son dé-
» cret du 18, qui défendait aux représen-

niateurs ont confondu avec eux, et à des-
sein, les prisonniers brigands amenés à
Nantes par la force armée et entassés dans
les prisons; et d'après ce rapprochement per-
fide, l'on a dit que nous avions incarcéré
nos concitoyens par milliers. Mais que l'ob-
servateur compare les arrestations faites à
Nantes avec celles des autres grandes cités,
et a raison de la population; qu'il juge si
Nantes a excédé la proportion.

» tans en mission et aux comités révolu-
» tionnaires d'imposer les citoyens par des
» taxes, SOIT EN ASSIGNATS OU MATIÈRES
» D'OR OU D'ARGENT.... Voilà donc ces taxes
reconnues et autorisées, donc elles ont put
avoir lieu , et ce n'est pas violer les propriétés , à plus fortes raisons les riches ont
pu être invités, stimulés même, sans crimes,
à faire des offrandes et des dons civiques. (1)

____

(1) Mais les hommes qui ont jurés notre
perte ne se trouvent ni arrêtés par aucun
obstacles ; ils savent les applanir à force
d'intrigue. C'est ainsi qu'ils tramèrent contre
nous à Nantes. Long-tems dans les ténèbres
ils dressèrent leurs plans : ils parvinrent
à approcher et TROMPER les représentans
Bourbotte et Bô. Ils nous présentèrent
comme des voleurs publics : « l'impression et
» l'affiche de l'état des divers objets en or ,
» argent et cuivre déposé par le comité à la
» Monnaie de Nantes, » intitulé : COMPTE
RENDU PAR LE COMITÉ , leur fournit à ce
que j'ai appris pendant les débats, un pré-
texte victorieux pour nous perdre. Ils sa-
vaient bien que le comité s'occupait de rendre un compte général qui embrassait toute
sa gestion , que cet état n'était qu'une partie
de ce compte : néanmoins , jugé nécessaire
par le comité, à raison qu'il était détaillé
et que le comité voulait mettre sa comptabilité dans le plus grand jour, en faisant afficher en détails chaque partie , et ensuite
le résultat en grand, afin que chacun put
voir et vérifier sans confusion et les détails
et les résultats , mais ce n'était pas leurs

Charlier dit à cette séance du 19 , en demandant le décret qui rapporte celui de la veille qui les défendait.

« Que les taxes révolutionnaires mises ,
» soit par les représentans en mission , soit
» par les comités révolutionnaires , doivent
» avoir lieu , être maintenues , que ces taxes
» on dû avoir pour but , le besoin des com-
» munes , et le soulagement des pauvres ;
» qu'elles doivent porter sur les aristocrates ,
» les riches , les égoïstes et les modérés qui
» sont aussi dangéreux. » C'est sur cette motion que la convention décréta.

C'est d'après ce décret de la convention et

comptes. Ils se rendent chez les représentans, et ils annoncent que le comité a fait afficher son compte définitif , que l'on n'y trouve point les bijoux et les sommes déposées : de-là il conclut que nous avons des desseins perfides : ils sont crûs , et nous fûmes enterrés vivans pendant 25 jours dans les cachots , sans avoir aucune communication. Pendant ce tems les haines s'agitent , les aristocrates triomphent , crient TOLLÉ contre nous. Le CHORUS, le cri de proscription devient uni-versel , l'on ne voulu rien entendre , rien vérifier , rien voir , parce qu'il fallait un mo-tif pour nous envoyer à Paris. Si l'on avait voulu examiner , l'on aurait vu que les bi-joux avaient été déposés, que les reçus étaient au comité , ainsi que les assignats ou quit-tances , mais notre perte est décidée.

dans

dans les vues manifesté dans son sein que le comité a opéré. LA VÉRITÉ EST qu'il n'a pas strictement été imposée de taxes révolutionnaire à Nantes , mais d'après l'avis des représentans , d'après les discussions publiques à la société populaire , (1) il a été fait des invitations aux riches , motivées sur le dénuement absolu de la commune , et la nécessité indispensable de salarier les ouvriers employés à la commission de salubrité établie par Carrier pour la répurgation des prisons , des rues , des places , l'épuration de l'air dans les vues d'étouffer les germes de la peste apportée à Nantes par les prisonniers brigands , qui dévorait les citoyens par milliers. De cette invitation aux riches , il résulta des dépôts de sommes au comité ; elles ont été employées aux frais urgents de cette commission de salubrité , versées à la caisse du district , suivant reçu , enfin le surplus est resté dans la caisse. Le comité n'a eu qu'un cris , celui de prouver qu'il n'a pas été détourné un denier ; mais pourquoi

---

(1) La société nomma une commission de plusieurs membres pour dresser l'état des riches. Cet état fut apporté au comité par les commissaires. Le comité se conforma aux vœux des représentans et du peuple. Voilà la source des invitations faites aux riches et des soi-disant taxes vexatoires.

C

s'est-on refusé, s'est-on opposé à cette juste demande, a-t-on craint de déchirer le voile, a-t-on craint de faire luire la vérité, et de perdre l'occasion de nous persécuter. Hé bien ! je déclare qu'ils sont plus scélérats que DES ROIS.... ceux qui se sont ménagés ce moyen de nous assassiner moralement.... — « Je ne » me suis jamais mêlé du coffre-fort de la » comptablité au comité , » et je déclare à l'univers entier que si l'on prouve que j'ai détourné un sols , reçu un sols illicitement , je ne veux point d'indulgence , point de grâce, je provoque la mort la plus infâme....

NOUS RÉCLAMONS relativement à la comptabilité , les décrets des 15 nivôse et 27 prairial, et sur-tout l'article 14 du gouvernement révolutionnaire , « aucun de ces décrets ne » désignent le tribunal criminel pour vérifica- » teur. » Citoyens représentans faites un grand acte de justice , nommés une commission qui prendra connoissance de l'état de notre comptabilité : voila un moyen sûr de savoir si nous sommes des dilapidateurs.

» Représentans... et toi peuple Français» , la voie que j'élève vers vous, sera t-elle perdue dans le désert ?.... N'importe , je satisfais au besoin de mon cœur dans l'espérance qu'aux jours de calme , aux jours où les passions seront éteintes, vous me rendrez justice..... Je vous dis encore une fois que tous mes

[19]

vœux ont été pour vous, pour votre bonheur, pour le triomphe de la cause du peuple. Que dès l'aurore de la révolution je fus patriote, mes actions, mes travaux, mon sang, ma vie ont été dévoué à ma patrie. J'ai pu commettre des erreurs ; UN ZÈLE EXTRÈME , UN CARACTÈRE ARDENT, a pu quelque fois m'égarer, (1) mais jamais à fouler aux pieds les droits de l'humanité, je peux vous l'affirmer avec assurance; mes mains ne se sont jamais souillés DE SANG NI DE RAPINE ; mon cœur n'a jamais sacrifié à la haine... Je suis sans inquiétude, mon ame est tranquille, quelque soyent mes malheurs, mon courage ne m'abandonnera point.... Je vous dénonce sans crainte nos accusateurs. Ils nous ont reproché des vexations, des actes arbitraires, DES DÉ. FAUT DE FORMES. Eh bien ! ils ont tout violé à notre égard, afin de nous offrir à vos yeux comme des fripons. Ils se sont emparés de nos papiers, de la caisse, DES PIÈCES LES PLUS ESSENTIELLES A NOTRE JUSTIFICATION, ils ne nous ont appelés à aucun examen à aucune reconnoissance. Registre, journaux, quittances, reçus, comptes, papiers, assignats, effets, tout a disparu, « et ils ont ôsé

____

[1] Danton disait le 19 frimaire, il vaut mieux forcer le gouvernement révolutionnaire que le rallentir.

» dire que nous étions des dilapidateurs.» Aujourd'hui ils nous persécutent, ils veulent consommer notre perte, parce qu'ils savent que nous leur arracherions le triple masque qui les cache. Cependant ils entourent les comités, ils redoublent d'efforts. Mais, représentans, « si vous nous appliquez le dé-» cret du 26, si avant de prononcer sur nous, » nous sommes entendus, la vérité triom-» phera. Vous examinerez aussi leur con-» duite, et de cet examen résultera ma jus-» tification ».

« L'on nous a fait un crime de l'état de dé-» nuement des maisons d'arrêt de leur insa-lubrité, de leur sûreté, de leurs choix; » mais la loi ne défend-t-elle pas aux autorités d'em-piéter entre elles sur les pouvoirs qui leur sont délégués?... Est-ce nous qui avions plu-tôt désigné les galliotes, [1] l'entrepôt, les

---

(1) Je dois observer qu'il est prouvé au procès que les gaillottes étaient désignées et servaient de maisons d'arrêt long-tems avant l'existence du comité, long-tems avant les noyades de Carrier, qu'il est aussi prouvé que les noyades n'avaient jamais eu lieu avant Carrier, qu'elle n'avaient plus lieu en pluviôse; qu'en ce tems Lamberty et Fouquet étaient dénoncés, poursuivis par le comité; et Carrier dénoncé au comité de Paris, que l'humanité était revenu à l'ordre du jour à Nantes, que Carrier y mis seul la terreur.

stolaires, etc. etc. , que d'autres lieux pour
servir de maison d'arrêt et recevoir les prisonniers brigands. Est-ce nous qui devions
veiller à leur sûreté ? Est-ce nous qui avions
nommé les gardiens ? Est-ce nous qui devions dénoncer les abus qui y avaient lieu ?
Non... ce n'est pas nous qui avons désigné ni
les maisons d'arrêt , ni les gardiens, nous
n'en avions pas le droit ni la surveillance ,
c'étaient les administrations de district et la
municipalité. [1] La loi est précise.

C'est donc encore en violant, en confon-
dant tout, que l'on a dirigé cette accusation
contre les membres du comité ; mais je vous
le rappelle, nous étions désignés pour victimes, et les négligences, les erreurs, les
fautes, les crimes, les maux résultans des

---

(1) Décret du 2 nivôse, l'an 2. — Au dis-
» trict seul appartient le droit de désigner les
» lieux qui doivent servir de maisons d'arrêt
» de justice, ou de prison. »

« Les agens de district exerceront à l'avenir
» la surveillance que l'article II du titre XII
» de la loi du 16 septembre 1791 , attribuait
» aux procureurs-généraux des départemens
» sur la propreté, salubrité et sûreté de ces-
» dites maisons. Art. XLIII.

« Les gardiens seront nommés par les ad-
» ministrations de district, chacun dans son
» arrondissement, sur la présentation des mu-
» nicipalités. »

circonstances , tout devait être porté sur nos têtes proscrites.

L'on m'a reproché d'avoir signé le 15 pluviôse un ordre donné à Forget, (1) J'AI LA PRESQUE CERTITUDE DE NE L'AVOIR PAS SIGNÉ. Lorsqu'il en fut question au procès, j'y trouvai si peu d'importance que je ne demandai pas à l'expliquer non plus qu'à vérifier si c'étoit bien ma signature. Depuis mes instances auprès du rapporteur , pour m'en assurer, ont été vaines, mais dans ce cas même, je ne serais pas plus coupable que ne l'ayant pas fait ; car cet ordre n'est pas un délit, et la malignité la plus haîneuse ni trouvera pas ce qu'elle cherche.

1°. Il n'a pas eu d'exécution. 2°. Cet ordre n'a jamais été qu'une autorisation nécessaire , un pure objet de police auquel le comité devoit son attache, ET COMMIS AU SOIN D'UN COMMISSAIRE NOMMÉ PAR LA MUNICIPALITÉ. Je le répète, à cette époque, et déjà depuis long-tems les mesures féroces

---

(1) Le commissaire surveillant , NOMMÉ PAR LA MUNICIPALITÉ, fera transférer à la galliotte, [maison d'arrêt] tous les mauvais sujets que le citoyen Forget, jugera susceptible de sortir de la maison d'arrêt dite St. Claire.

NOTA. Forget était gardien, et il s'agit de tapageurs qui troublent l'ordre. Nantes, le 15 pluviôse, l'an 2 de la république, une et indivisible. Suivent les signatures.

(23)

n'avaient plus lieu à Nantes. (1) Ainsi pas le moindre équivoque, plus le moindre doute, plus le moindre soupçon, relativement à cet ordre.

La déclaration des jurés sur tous les autres faits à ma charge, est que je ne suis pas convaincu d'avoir abusé de mes pouvoirs.

Non citoyens je ne suis point un buveur de sang, un voleur, je ne suis point un monstre exécrable, et celui dont la vie entière fut employée à soulager, à défendre les opprimés, celui qui arracha des fers les victimes du despotisme, celui qui, avec de faibles moyens, consola, nourrit la veuve et l'orphelin, celui qui arracha à la mort les malheureux enfans Vendéens, qui les adopta au nombre des siens, celui enfin qui s'est battu avec distinction pour la cause de l'égalité, ne peut être ni un contre-révolutionnaire, ni un oppresseur. (2)

COMPÉTENCE DU TRIBUNAL RÉVOLUTIONNAIRE,

Le tribunal révolutionnaire de Paris avait-il le droit de nous juger sur tous les délits?...

---

[2] Je l'ai déjà dit à cette époque, les Fouquet et les Lamberty étaient dénoncés, suivis par le comité, et Carrier dénoncés à Paris, au comité de salut public.

[1] Tous ces faits sont prouvés par une foule de certificats.... remis aux jurés.

Voilà, il faut en convenir, une question bien extraordinaire et bien tardive... Citoyens représentans n'appercevez-vous pas derrière la toile nos accusateurs, qui s'agitent, qui veulent vous surprendre, afin de traîner leurs victimes à l'autel de la vengeance; ils sont riches, ils sont puissans.... Nous sommes pauvres, nous sommes dans les fers....

« Est-il bien possible d'agiter cette question » d'après que les pièces ont été examinées au comité de la convention avant notre traduction en jugement, après la publicité et l'affiche du libelle produit contre nous sous le nom d'acte d'accusation, connu de toute la république, où tous les faits sont détaillés avec une acrimonie qui n'a pas d'exemple; après une instruction de plus de soixante jours. LA BARBARIE de ceux qui ont élevé cette prétention peut-elle trouver une comparaison ?... Quoi, il nous traînent pendant deux mois devant un tribunal qui n'avait selon eux que le droit de prononcer notre arrêt de mort et non de proclamer l'innocence.... Quoi, l'on ne réclame que parce que l'on ne nous a pas immolés... L'on se seroit tu sur la prétendue incompétence du tribunal, si l'on eu pu se rassasier, s'abreuver de sang.—Représentans, jugés quels sont nos persécuteurs.

L

« Le tribunal criminel extraordinaire et révolutionnaire » a reçu par sa première institution le droit de juger tant les délits contre-révolutionnaires, que ceux qui coïncideraient et qui seraient relatés dans l'acte d'accusation. Il fut dans son principe organisé pour tous les faits de la journée du 10 août, circonstance et dépendance y compris LES VOLS DU GARDE-MEUBLE, aucune loi n'a prononcé avant notre jugement qu'il renverrait aux tribunaux ordinaires.... Au contraire, la loi du 10 mars titre II art. I, dit positivement qu'il ni renverra pas.—Aussi a-t-il constamment prononcé sur tous les délits, soit de dilapidation ou autre, notamment dans l'affaire des 94..... L'on a si bien senti qu'on ne pouvait le dépouiller de ce droit que par un décret, qu'on l'a provoqué, et que la convention l'a rendu depuis que nous sommes acquité le 8 nivôse.

IL EST INCONTESTABLE QUE le tribunal révolutionnaire avait le droit de nous juger sur tous les délits relatés dans l'acte d'accusation décerné contre nous; il a rempli sa tâche, et l'on ne peut nous remettre en jugement sans violer tous les principes.

MAIS CE QUI TRANCHE TOUTES DIFFICULTÉ, c'est que le décret du 22 vendemiaire y rendu sur la motion de Dumont.

D

« Ordonne au tribunal révolutionnaire de
» mettre en jugement le Comité de Nantes
» d'instruire le procès, et poursuivre les
» auteurs et complices des noyades, fu
» sillades et autres actes commis à Nantes
» ou dans les environs; c'est après et en
vertu de ce décret qui prononce la compétence du tribunal à notre égard, que nous avons été mis en jugement. Les comités de la convention ont été journellement instruits des faits et de l'état de la procédure ; nous avons été jugés légalement, nos persécuteurs qui veulent boire notre sang, ont élevé cette question pour nous traîner à l'échafaud ; mais la convéntion reconnoîtra le piége et ne verra que les principes.

Un second décret du 22 vendemiaire, traduit les citoyens Lefene, Macé et autres, au tribunal révolutionnaire; pour lo seul fait des noyades exécuté à Paimbœuf; ce décret est motivé pour noyades, (1) ainsi plus de doute que le tribunal n'eut le droi de juger les noyades, puisqu'il en est ex-

____

(1) La convention décrète que l'adjudan' Lefevre, commandant à Paimbœuf, Macé et autres, prévenus d'avoir fait noyer, par ordre arbitraire, 41 personnes, seront arrêtés et conduits au tribunal révolutionnaire de Paris pour y être jugés.

pressément chargé par un décret, ainsi que tout autres actes commis à Nantes ou dans les environs.

« Le tribunal a eu le droit de nous acquiter; » il a usé de ce droit. NOTRE SEULE INTRIGUE auprès des juges et des jurés, a été la vérité et la franchise. Nous n'avons point discimulé nos erreurs, nos fautes. Nous avons ouvert nos cœurs; les jurés y en lu le repentir de ceux qui furent forcé à l'exécution, dès mesures terribles et dans celui de tous; un zèle peut-être trop ardent, mais pur; ils ont reconnus en tous, les amans de la liberté et de vrais amis de la révolution.

« Enfin , après un jugement solemnel et » légal », l'on proposerait, en violant tous les principes, de nous remettre en jugement à Angers. « Et que nous importe le lieu où l'on dresserait l'autel pour nous immoler,... car il ne faut pas le dissimuler, ce décret serait notre arrêt de mort.... Quels seroient les juges et les jurés qui oseraient nous acquiter ... ils se croiraient obligés à nous condamner; les victimes seraient tellement désignées, que la liberté de conscience n'existerait plus.... Il faudrait alors un décret de pardon à celui qui oserait prononcer selon la vérité. L'on propose, dit le rapporteur Bernier , de recommencer entièrement la procédure ; mais pourra-t-on faire revivre les morts.

Pourra-t-on faire comparaître GARRIER pour avouer qu'il ordonna et fit tout exécuter de force, en menaçant ceux qui lui résistaient, de les faire guillotiner à la minute et sans autre jugement ?... Non, il est impossible de rendre les morts à la vie, et par cette raison irrésistible ; l'on ne pourrait recommencer ce procès dans son entier. Il résulte que sous tous les rapports, l'on ne peut continuer à nous tyranniser.

Je crois avoir démontré clairement, que nous ne sommes ni assassins, ni dilapidateurs, que les mesures terribles appartiennent seulement à Carrier, que nous ne sommes pas ses complices, mais bien ses victimes ;.... que les loix sévères dont nous étions les organes, vont seules imprimées la terreur.... Que nous avons été obligés de faire les arrestations, parce qu'elles nous étaient impérativement commandées par les loix.(1) Nous n'avons pas agis arbitrairement, puisque pouvant agir seuls, nous nous sommes entourés des administrations et du peuple ;... que nous n'avons pas commis d'actes arbi-

---

(1) Danton annonce à la séance du 19 frimaire, comme principe qu'il vaut mieux outrer l'action révolutionnaire que la rallentir. C'est selon Danton quel doit être l'esprit de tous vrais républicains.

traires, ni violé les droits de propriétés , en imposant des taxes, ou en invitant les riches aux offrandes civiques , puisque nous y étions autorisés par les décrets de la convention ;

Qu'enfin nous avons « été légalement jugés » et acquittés sur tous les délits, » par un tribunal qui en avait la compétence, et qu'on n'a actuellement d'autres droits sur nous que celui DU FORT CONTRE LE FOIBLE. A cet égard , nous ne pouvons appeller de l'injustice des hommes qu'à l'être-suprême qui lit dans tous les cœurs.

Dans la cruelle situation où mes ennemis m'ont réduit, aprés cinq années de travaux civiques et de sacrifices à ma patrie, je n'ai d'autre espérance que dans la justice de la convention , et dans l'exécution des promesses que nous firent, en son nom , les représentans qui nous chargèrent de l'exécution des lois révolutionnaires, « de reconnaître notre dévouement » et de nous défendre contre les vengeances » et les haines. »

Décret du 29 vendémière , l'an III. — La convention nationale décrète l'adjonction des comités de salut public et de législation a celui de sûreté générale, pour l'exécution de la loi du 22 de ce mois rela-

tive aux Nantais traduis au TRIBUNAL RÉ-
VOLUTIONNAIRE et à tous ceux qui ont pris
part aux atrocités commises dans la commune de Nantes et aux environs.

[Nota.] N'est-il pas démontré claire comme
le jour, que le tribunal a reçu la compétence pour juger définitivement tous les actes
commis à Nantes. Peut-on se refuser à l'évi-
dence. Le décret du 26 pluviôse dit que
les parties seront entendues avant d'être
renvoyées en jugement pour quelque motif
que ce soit; nous le réclamons et la vérité
triomphera de l'intrigue.

Paris le 6 ventôse, l'an 3 de la république française, une et indivisible.

J. CHAUX.

De l'Imprimerie de R. F. LEBOIS, rue et
maison ci-devant Sorbonne, n. 382, sec-
tion Châlier, quartier Jacques.